AUX MANES

DE M. PELLET,

D'ÉPINAL,

MEMBRE DE LA SOCIÉTÉ D'ÉMULATION
DU DÉPARTEMENT DES VOSGES.

ÉPINAL, IMPRIMERIE DE GERARD.

SOCIÉTÉ D'ÉMULATION

DU DÉPARTEMENT DES VOSGES.

EXTRAIT

DU PROCÈS-VERBAL DE LA SÉANCE

DU 8 AVRIL 1830.

M. BRIGUEL aîné, président, chargé par la Société d'exprimer ses regrets sur la perte douloureuse qu'elle venait de faire par la mort prématurée de M. PELLET, l'un de ses membres les plus distingués, s'est énoncé en ces termes :

> Quis desiderio sit pudor aut modus
> Tam cari capitis ? (*Hor.*)

MESSIEURS,

Un bien triste devoir m'est imposé aujour-d'hui, plus encore par la douleur et l'amitié que par l'usage et les convenances. A peine la tombe s'est-elle refermée sur l'un de nos honorables col-légues (*), que de nouveau nous l'avons vue s'ou-

(*) M. *Craissous*, avocat, décédé le 14 janvier 1830.

vrir pour une autre victime prise aussi dans nos rangs. Nous gémissions encore sur la perte que nous venions de faire dans le respectable vieillard qui nous présidait avec tant de zèle et de lumières, lorsque tout-à-coup l'un de ces événemens, que l'on peut appeler tragiques, est venu fondre sur nous, et a plongé tout un département dans le deuil et les larmes. Pellet n'est plus! Il n'est revenu parmi nous que pour y exhaler son dernier souffle (*)! Que ce retour a été décevant pour nos cœurs! Comme il a frustré notre espoir! Au triomphe que nous lui préparions, aux félicitations, aux épanchemens de l'amitié, nous avons substitué une pompe funèbre, des soupirs, des sanglots! Qu'il y a, dans ce rapprochement funeste, de pensées amères et déchirantes! Combien on déplore cette fatalité aveugle qui semble peser sur nos têtes, et frapper au hasard, sans distinction de rangs, d'âge et de talens! Cependant qui méritait plus de vivre que celui qui usait si bien de la vie, qui semblait en avoir fait comme deux parts qu'il consacrait, l'une à la gloire, l'autre au malheur.

Deux qualités bien précieuses éclataient éminemment dans notre infortuné collègue: une vive sensibilité, une imagination ardente et féconde;

____

(*) A peine arrivé de Paris, M. *Pellet* a succombé, le 14 février dernier, à une affection de poitrine.

de-là le poëte, l'orateur, et par-dessus tout l'ami de l'humanité, l'homme bienfaisant et généreux.

Vous n'attendez pas, Messieurs, que j'entre dans l'examen détaillé des inspirations du *Barde des Vosges* : c'est moins en littérateur que je veux en parler qu'en admirateur encore ému des accens du poëte, dans ces confidences que sa muse se plaisait à nous faire, et qui nous sont refusées à jamais. A ce débit chaleureux, à ces éclairs qui jaillissent de ses regards, ne reconnaissez-vous pas un enfant d'Apollon, un de ces mortels privilégiés pour qui la lyre est un don du ciel, et les vers un besoin de l'âme, un épanchement du cœur? Soit qu'au sein des forêts, ou sur les monts escarpés, il médite sur les empires détruits, ou s'enflamme de sympathie aux efforts d'un peuple trop long-temps opprimé, soit que, dans nos rians vallons, il chante la nature, la beauté, l'aspect du sol natal, partout sa voix nous charme, nous ravit, nous transporte. Tel est l'empire du véritable talent; tel est celui qui règne incontestablement dans les inspirations du Barde des Vosges. Brillant coloris, tours nombreux, mouvemens rapides, élans impétueux, grâces et souplesse, tout y décèle une âme vivement émue, qui peint comme elle sent, et qui cède à l'enthousiasme plutôt qu'elle ne le provoque.

A ces qualités qui font le poëte, Pellet joignait

un autre genre de mérite bien supérieur aux yeux du philosophe et de l'honnête homme; c'est le choix même des objets de ses chants. Jamais un vers bassement adulateur a—t—il fait vibrer les cordes de sa lyre? Est—ce à la puissance ou à la fortune qu'il adressait ses hommages intéressés? Non; les grandes infortunes, les haines de l'envie, les luttes de l'oppression contre le despotisme, et, dans un autre ordre d'idées, les inquiétudes de l'amitié, les orages du cœur et tous ces mystères de l'âme qui absorbent de si longs instans dans une vie de poëte; voilà ce qui enflammait habituellement sa verve. Ah! sans doute il y avait trop d'élévation dans ses sentimens, de fierté et d'indépendance dans son caractère, pour qu'il pût descendre aux misérables calculs de la cupidité ou de l'ambition, et supputer d'avance toute la portée d'une flatterie, ou les intérêts d'une servile dédicace. Mais ce que nous ne saurions trop répéter et redire, c'est l'attachement ou plutôt l'espèce de culte qu'il avait voué à son pays. C'est-là l'objet réitéré de ses chants; il y revient sans cesse avec prédilection, et l'on sent que c'est pour lui une véritable jouissance que de se retrouver, comme il le dit lui—même, *près du bruit des cascades, au sein des lieux qui l'ont vu naître.* Pourquoi faut—il que ce sentiment, qui nous honore et qui nous garantissait sa présence parmi nous, soit peut—être la cause de sa mort prématurée? Qu'il est cruel de penser que peut—être

l'impatience de revenir dans nos montagnes, que
la crainte de ne pas mêler sa cendre à la cendre
de ses pères nous l'a ravi pour toujours ! Aussi
qu'elles sont touchantes ces paroles, malheureu-
sement prophétiques, prononcées sur le seuil de
sa ville natale : *Au moins je mourrai au milieu
des miens !*

Nous venons de voir le poëte inspiré, l'artiste
probe et indépendant; écoutons maintenant l'orateur élevant la voix dans le temple de la justice.
Avec quelle facilité, quelle abondance, quelle
effusion entraînante il improvisait une cause !
Comme il savait, de son regard perçant, lire dans
le cœur de ses juges, deviner leurs sentimens,
leurs émotions, et presser ou ralentir à son gré,
selon l'intérêt du moment, ses moyens d'attaque
ou de défense ! Mais qu'ai-je besoin de vous rap-
peler les merveilles de sa voix éloquente ? Naguère
encore elle frappait vos oreilles enchantées. Vous
y retrouviez les grandes qualités du poëte, si né-
cessaires aussi à l'orateur; cette imagination ardente qui reproduit si vivement les choses; cette
sensibilité de l'âme qui reçoit et communique si
fortement les impressions du dehors, et cet enthousiasme aux traits de flamme, sans lequel il
n'y a ni prestiges ni séductions en éloquence
comme en poésie.

Est-ce là, Messieurs, tout le mérite, tout le

devoir d'un bon avocat? N'a-t-il rien à faire de plus qu'à prêter le ministère de sa voix et de ses lumières au moment d'une audience? Un malheureux gémit sous le poids d'une accusation capitale. Le voilà relégué au fond d'un noir cachot, sans appui, sans consolation. Que d'angoisses, que d'anxiétés poignantes dans l'âme de cet infortuné, abandonné de tous, bourrelé de remords, ou peut-être aussi pleurant sur son innocence et l'injustice des hommes! Qui donc lui tendra une main secourable? Qui viendra dans ces sombres demeures adoucir ses tortures morales, pires cent fois que les douleurs physiques? Qui fera luire à ses yeux ou l'espoir de l'indulgence, ou celui d'une éclatante justice? Vous l'avez déjà reconnu à ces traits d'humanité, celui que nous pleurons, celui dont la seule présence dans ces lieux de désespoir était un bienfait, une consolation. Vous le savez, Messieurs, avec quelle assiduité il visitait ces malheureux ; avec quelle chaleur, quel désintéressement il épousait leur cause. Combien de fois, après avoir essuyé leurs larmes, après les avoir protégés de son éloquence, ne leur ouvrit-il pas généreusement sa bourse, sans autre fruit de ses travaux que le témoignage d'une bonne action? Ah! s'acquitter aussi noblement de semblables fonctions, ce n'est plus seulement exercer un état, une profession honorable, c'est un dévouement à l'humanité, un saint ministère, un sacerdoce.

Voilà, Messieurs, l'homme de talent, le citoyen probe et généreux que nous avons perdu! Quel vide cette mort prématurée ne va-t-elle pas laisser dans nos rangs! Quelle autre voix, en sons mélodieux, en fiers et mâles accens, pourra charmer, embellir de nouveau nos séances? Où retrouver, dans une population si restreinte, des hommes qui se vouent, comme Pellet, avec ardeur et désintéressement, au culte des muses, à la propagation et à l'encouragement de tout ce qui est bon, utile, honorable? La vie douce et facile des petites localités a quelque chose de si engourdissant pour la vie morale! Que d'énergie ne faut-il pas à celui qui veut sortir de l'ornière où s'endorment tant d'autres, et donner un peu de mouvement à la masse qui l'environne! Ce n'est pas, Messieurs, qu'on n'y remarque souvent beaucoup d'activité; mais elle est toute au profit des individus : pour le pays, il n'y a rien ou peu de chose. Honneur donc à ceux qu'enflamme un saint zèle pour leurs semblables, qui voient dans la vie quelque chose de plus à faire qu'une profession lucrative à exercer, et qui, témoins des prodiges de la science et de la liberté unies aux arts, au commerce et à l'industrie, s'efforcent d'en accroître les progrès et d'en doter leur pays! Honneur à Pellet!

Vous dirai-je maintenant ce que nous avons perdu en lui comme simple particulier? Combien il fut bon fils, bon époux, ami sûr et fidèle? Vous dirai—je sa franchise, sa loyauté, son obligeance extrême, son commerce si doux, si facile, si rempli d'agrémens? Ah! Messieurs, je m'arrête : je ne vois parmi vous que des amis, des compagnons de son enfance; je craindrais de rouvrir vos blessures, de raviver vos douleurs; il n'y a pas si long-temps que nous l'avons accompagné à son dernier séjour! Ah! si du moins, de sa nouvelle demeure, il contemplait le cortége qui suivait sa dépouille mortelle! à cette foule immense et silencieuse, à ces soupirs, à ces sanglots, il a pu voir combien il était chéri et regretté, combien son nom était en honneur et en vénération parmi ses concitoyens; combien ils s'empresseraient de le conserver intact des souillures impuissantes de la calomnie. Oui, c'est en vain qu'en ce moment elle agite encore ses pâles et livides flambeaux; un arrêt plus solennel va confirmer dans peu un premier arrêt de justice et de vérité, et attester hautement, suivant les paroles de notre poëte, que *l'honneur est solidaire dans les Vosges.*

Épinal, 1.er Avril 1830,

BRIGUEL *aîné.*

La Société, après avoir entendu cet éloge funébre, en a ordonné l'impression, ainsi que celle des deux pièces de vers suivantes, adressées de la capitale.

ODE

SUR LA MORT DE M. PELLET.

<hr>

J'errais dans le vallon, pensif et solitaire ;
Les autans déchaînés unissaient leurs fureurs,
Et, du pin orgueilleux brisant la cime altière,
   Semblaient présager nos douleurs.

Tout-à-coup les accords d'une harpe plaintive
Ont frappé mes esprits, ont ravi tous mes sens ;
Les vents sont apaisés, et l'écho de la rive
   Répète ces tristes accens :

« Salut, riants vallons, berceau de mon enfance !
» Je vous revois encore, et mon cœur est heureux.
» Ruisseaux, vertes forêts, après deux mois d'absence,
   » Que vous êtes beaux à mes yeux.

» Le souffle des autans a passé sur mon âme ;
» Par un feu dévorant je me sens consumé.
» De mes ans le destin allait trancher la trame,
   » Vous seuls, vous l'avez désarmé.

» Le flambeau de mes jours exhale à votre vue
» Une pâle lueur comme un sombre fanal ;
» Mon âme sur le seuil s'arrête toute émue,
   » Au doux aspect du sol natal.

» Mais inutile espoir ! déjà je crois entendre
» Un long gémissement qui m'appelle au tombeau ;
» Du moins je meurs tranquille en pensant que ma cendre
   » Dormira près de mon berceau.

» Ici mon nom n'est pas un vain nom qu'on ignore ;
» Ce penser consolant peut-être m'est permis,
» Et mes regards mourans pourront revoir encore
        » Autour de moi des cœurs amis.

» Dans ce paisible asile où repose mon père,
» Mes parens, mes amis, vous viendrez, n'est-ce pas ?
» Et quand vous passerez près de mon humble pierre,
        » Un instant arrêtez vos pas.

» Oh ! que mon ombre alors, un instant consolée,
» Avec ravissement verra couler vos pleurs,
» Lorsque la vierge émue, auprès du mausolée,
        » Viendra répandre quelques fleurs !

» T'éloignant, jeune encor, du banquet de la vie,
» Infortuné Gilbert, tu disais comme moi :
» Celui qui meurt pleuré mérite qu'on l'envie ;
        » Je serai plus heureux que toi.

» Faut-il mourir, hélas ! lorsqu'un noble délire
» De ses rapides feux secondait mes efforts ;
» Quand, par de nouveaux chants, j'aurais pu de ma lyre
        » Immortaliser les accords.

» Ah ! si, le cœur flétri des coups de l'infortune,
» Dans mes yeux presque éteints un pleur s'est arrêté,
» Je ne regrette pas une vie importune ;
        » Je pleure l'immortalité. »

Ainsi chantait, aux bords de l'onde fugitive,
Ce cygne, du vallon le plus bel ornement ;
Et, pour l'ouïr encor, la Moselle attentive
        Semblait couler plus lentement.

Silence ! tout se tait : on entend dans l'espace
Comme un vague soupir qui succède aux concerts,
Et du cygne expirant il ne reste de trace
        Qu'un son effacé dans les airs.

Puis-je rester muet quand toute âme soupire,
Quand l'airain qu'on balance appelle la douleur,
Lorsque je sens vibrer les cordes de ma lyre
    Comme les fibres de mon cœur.

Il n'est plus ! il n'est plus ! sensibles Oréades,
Celui dont vous dictiez les vers harmonieux ;
Vous ne l'entendrez plus, à la voix des cascades,
    Mêler ses chants mélodieux.

Son âme libre et fière, amante des montagnes,
Des palais fastueux dédaignait le séjour ;
Peu jaloux des grandeurs, fidèle à ses campagnes,
    Il ne suivait que votre cour.

Aux idoles du temps, en esclave asservie,
Sa muse n'offrit point un encens corrupteur ;
On ne la vit jamais, d'une lyre avilie,
    Tirer un chant adulateur.

Sensible, généreux, toujours en traits de flamme,
Il peignait de son cœur les sentimens divers ;
Ses faciles écrits réfléchissent son âme ;
    Il est tout entier dans ses vers.

Nous l'avons vu souvent, par sa mâle éloquence,
Éclairer de Thémis le jugement sacré,
Et, par d'heureux efforts, arracher l'innocence
    Aux coups de son glaive égaré.

A son pays en pleurs il a légué sa cendre,
Des regrets au malheur, au Pinde un vert laurier ;
Son cœur à ses amis ; mais qui peut se prétendre
    De son luth heureux héritier ?

———

AUX MANES DU BARDE DES VOSGES.

Brisé sur le seuil des tombeaux,
Quel luth exhale un doux murmure ?
Les autans déchaînés s'agitent sur les eaux,
Mugissent dans les bois, font gémir les roseaux :
Tout semble ému dans la nature,
Et, répétés sous une voûte obscure,
Je crois entendre des sanglots.

Taisez-vous, échos des montagnes,
Et gardez vos tristes secrets !
Je viens chercher dans ces campagnes
Les vertus, la joie et la paix ;
Je viens, au sein de ma famille,
Demander quelques jours heureux ;
Je viens chanter sous la charmille
Où chantaient nos simples aïeux ;
Je viens, sur vos monts en terrasses,
Rêver à de grands souvenirs ;
D'un ami je cherche les traces ;
J'ai ses goûts ; j'aurai ses plaisirs.

Quoi ! tous muets, tous répandent des larmes !
Vous m'aviez tous promis un plus facile accueil.
D'où naissent ces soupirs, ces images de deuil ?
Ah ! mon cœur éperdu partage vos alarmes !
Une mère, une épouse entourent un cercueil.....
Les cris des malheureux redemandent un père,
Un mortel inspiré qui leur servait d'appui,
Dont la voix, la fortune offrait à leur misère
Les bienfaits que le ciel avait versés sur lui.
Ton nom et tes vertus sont la gloire des Vosges,
Jeune poëte ! et les plus beaux éloges
Ne valent pas les pleurs qu'on répand aujourd'hui.

O toi qui dédaignes la terre,
Ame du Barde que j'aimais !
Ton vol a franchi la barrière
Où te poursuivent nos regrets ;
Reviens un instant pour nous rendre
L'adieu prononcé sur ta cendre,
Aux pieds des sinistres autels !
Mais tu fuis ce monde où l'on pleure,
Et, de ta nouvelle demeure,
Tu souris aux vœux des mortels.

Ta jeunesse, avide de gloire,
Comme une onde libre a coulé ;
Sur ta généreuse mémoire
Quelle voix n'a déjà parlé !
Aux instans si purs de ta vie,
Un noir serpent, né de l'envie,
Osa seul mêler un soupçon ;
Mais on t'écoute... à ta parole,
Le monstre ailé fuit et s'envole ;
Tu gardes l'éclat de ton nom.

Lorsque, abordant avec audace
Des muses le divin séjour,
Tu soupirais sur le Parnasse
Des chants de tristesse et d'amour ;
Ami d'un illustre poëte,
Quand ton vers était l'interprète
De sa filiale douleur (*) ;
Fallait-il sitôt voir encore
S'éteindre la dernière aurore
De jours d'espoir et de bonheur !

(*) Ode sur la mort de la mère de M. de Lamartine, imprimée
dans le *Mercure* du 20 janvier 1830.

Ces chants qui pénètrent les âmes
D'un pur et magique transport,
De l'envie éteignent les flammes,
Et trompent l'effroi de la mort ;
Ils sont nés d'un noble délire ;
Ils immortalisent la lyre
Et le sein qui les a conçus :
Mais, épuisé de nobles veilles,
Épris des célestes merveilles,
Bientôt ce sein ne battra plus.

Usurpant le parvis céleste
Où le roi des airs tient sa cour,
Le cygne, atteint d'un trait funeste,
Se débat au sacré séjour :
Haletant sous l'azur des plaines,
Il ne ressent plus dans ses veines
L'ardeur qui l'entraînait aux cieux ;
Son aile frappe en vain la rive
Où sa voix sonore et plaintive
Exhale ses derniers adieux.

Tel, dans les régions qu'il aime,
Dédaigneux d'un plaisir léger,
Le génie attise lui-même
Le feu qu'il ne peut diriger.
La foudre menace et s'allume,
Éclate..... Sa flamme consume
Un cœur ivre de passions ;
Et, tombé long-temps avant l'âge,
Nous pleurons le trop court passage
De ce fils des illusions.

(Par Mme L. E. Désormeau.)